nebel
frost
fühlend

staccato

von
susanne C. schnippering

fühlend

nebelfrostfühlend
staccato
susanne C. schnippering

Gestaltung
minimü-art

Herstellung und Verlag
BoD - Books on Demand, Norderstedt
ISBN 978-3-7357-7047-9

Nebelfrost - Ablagerungen

Sammelbezeichnung für die abgesetzten Niederschläge Raureif, Raueis und Klareis.

Nebelfrostablagerungen bilden sich meist beim Gefrieren von Nebeltröpfchen an vorwiegend vertikalen Flächen, deren Oberflächentemperatur unter dem Gefrierpunkt liegt, unter gleichzeitiger Beteiligung von Sublimationsvorgängen.

Nebelfrostablagerungen zeigen typisches Wachstum gegen den Wind und stellen eine große Gefahrenquelle in Bezug auf Materialbeanspruchung dar.[1]

fühlend

10.09.
10:35

nun also doch ... dies Schreibende

ein Monat bis
zum nächsten Austausch ist
gefühlt einfach zu lang.
Wobei ich nicht mal einen
Grund benennen könnte,
warum eigentlich?
Sonst konnte ich das,
denke ich zumindest.

Heute ein Bild, ein kleines Intermezzo
inspiriert durch eine rosa Wand,
fertiggestellt.

Seltsam, was Zeitvertreib für Vorstellungen weckt.
Vielleicht, weil ich häufig dort bin,
eben auf dem Heimweg Espresso -
finde ich schön,
ein Ort zum Wohlfühlen, durchatmen,
bevor der Aufstieg ins Dachgeschoss ansteht
oder ich in die Stadt hinaus muss.

Kein sicherer Ort,
da hab ich Mühe...
mit der Vorstellung.

Wolken mit sich entladenen Teilchen?!
... schon ein wenig verrückt
Auch was ich sagte
bei unserem letzten Treffen,
dass ich unsere Gespräche in

dem Raum schätze ...
das klingt nicht nur blöd,
das ist total bescheuert.

Was ist sicher?
Es gibt Orte, da fühle ich mich wohl,
für kurze Momente geborgen,
ich muss da nichts,
ausser Sein und die Zeche zahlen.
Wenn ich zahle,
kann ich sein wie ich will -
zahlen muss man,
auf die ein oder andere Art -
Also? - ein sicherer Ort.

Fehlgeleitet - denn eine einzige Frage
schafft es, mich in Bedrängnis
zu bringen, eine Frage
gar nicht in böser, vielmehr
in freundlicher Absicht gestellt.

Zack! - Rolladen runter. Nicht sicher
für mich
sind es nicht Orte, die Sicherheit vermitteln,
sondern Menschen, mich inbegriffen,
die sich darin bewegen,
wie achtsam sie miteinander umgehen oder
eben nicht. Ob sie
Gespür für Nähe und Distanz haben.
Der Ort an sich spielt keine Rolle;
das kann die Bushaltestelle sein
an einem regnerischen Tag
der mürrische Alte, der aussieht
wie ein begossener Pudel,
wenn ich es schaffe,

er mich nicht anschnauzt,
ein kleines Lächeln schenkt,
ist es sicher.

Das Gute an der Dachgeschosswohnung?
Hier muss ich nicht Nähe und Distanz
zu anderen aushandeln, ansonsten
kein Unterschied zur Haltestelle,
ohne Belang, da kann ich
Tisch, Sofa oder Stühle hin und her schieben
wie ich will,
erleichternd ist das Fehlen
von anderem Leben. Keine Fragen,
keine Erwartungen,
keine Bilder in den Vorstellungen
anderer, den es zu entsprechen oder
nicht zu entsprechen gilt;

kein ETWAS

Früher gab es Fragen,
zu denen es möglich war, sich zu verhalten,
mich zu verhalten ...
früher?! wie abgeschmackt
klingt das denn? - also ...
vorher ... nein, verlangt ein Nachher -
keine Ahnung - festzustellen ist:
ich kann mich nicht mehr
zu Fragen und Menschen verhalten ...
allgemein zu Menschen
mich zu verhalten,
in eine Dimension setzen, irgendwohin ... stellen.
Ich weiss nicht, was ich da soll oder
dort oder anderswo;
schon gar nicht, wenn mein Gegenüber

mich irgendwo hinstellt.

Bereits bei einer einfachen Frage
gerate ich in einen Gedankenstrudel von
Begrenztheit, in windeseile schnürrt sich
alles zu, Gedankenstränge wie Seile,
die sich um die Lungenflügel legen,
zuziehen, gegeneinander drücken.
Ein Gedanke schneidet anderen die Luft ab
es wird eng, eng in
um mich durch
vermeintliche oder erahnte
Enge des Gegenübers
eines vorherrschend:
ich muss mich erklären!
schon wieder ...
ermüdend

nicht zu schreiben: langweilig,
ewiges Ringen um Standpunkte.

Mir ist, als könnte ich
Gedanken meines Gegenübers
körperlich spüren, wie sie sich formen
zu Gebilden, die mich ...
erstaunen und bedrängen.

Gedankenkonstrukte ärgern
mich, unausgesprochene
Erwartungen, Wünsche und Vorstellungen ...
all das auf ständig mitschwingender Ebene,
auf der es keine Erfüllung
nur Enttäuschung gibt.
- es macht müde,
Missverstehen ohne Nachfragen.

Schlussendlich jedoch frage ich mich, was
empfindsam gemacht hat über die Zeit?
wann dieser Zustand, bei allem und jedem
in Bedrängnis zu geraten aufhört?
ob ich mich an diese ewigen
Wiederholungen gewöhnen werde?
Ob das geht?

- trotzdem wachsen?
in die Weite? in die Tiefe? Überall hin,
bis ich mich auflöse.

Das ist es, was ich möchte,
wachsen und auflösen.
Vielleicht daher
sich entladene Teilchen
in Wolkenmassen,

weil ich mich dann nicht ganz
so fremd fühle in mir.

11.10.
16:45

Nach langer Zeit geduldigen Ausharrens auf
das Gespräch mit Ihnen, habe ich
auf dem Heimweg
festgestellt, dass ich die Zeit mit Ihnen schätze,
als etwas aus dem Alltag Herausragendes.
Um so mehr bedaure ich, dass Sie nicht so recht
weiterkommen mit mir
und bin doch froh, dass
Sie meinen Redeschwall ertragen,
obwohl Sie doch eigentlich wissen, dass
ich mich nur um den Kern herumlaviere,
nicht mit dem Eigentlichen beginnen.
Dumm von mir. Sie dürften
jetzt erleichtert nicken zu dieser Äusserung.

In der Nacht wach gelegen,
mich für einen Ort entschieden,
Sie kennen ihn schon.

Meer, Sand und Wind. Weiter Nachthimmel in blaugrau mit
vereinzelten Sternen. Das ganze sehe ich aus einer Jolle
heraus, die leicht bewegt von den Wellen einen
beruhigenden Gang hat. Das Segel ohne treibende Kraft. Es
ist still, eine leichte Brise mit kühler Luft streicht über das
Gesicht ...
und so weiter ...

Doch wie schon angemerkt, ist
das nicht mein Problem.
Es liegt vielmehr in der Nähe.
Das alberne Verschieben des Stuhls
zu Beginn gehört bereits dazu,

mit dem Rücken in den Raum sitzend,
wohingegegen Sie eine stabile Wand
hinter sich haben;
wenn Sie dann fragen,
fallen mir ganz viele Dinge ein,
die ich lieber täte, als zu antworten oder
mich gar auf anderes einzulassen.
Obwohl ich gar nichts
zu befürchten habe.

Es ist so:
Nähe macht mich zunehmend
nervös ... ich soll bei mir bleiben?
Ich könnte alles sein,
was Sie erwarten;
vor geraumer Zeit doch
entschlossen, das
nicht mehr zu wollen,
auch wenn es einfach wäre,
dieses Bedienen.
Mag es nicht mehr,
hat wenig mit mir zu tun.
Beim Gedanken, was
mit mir zu tun
hat, stelle ich fest, dass ich
mich im Kontakt mit anderen
mit der Jacke an die Garderobe
gehängt habe, nicht anwesend bin.
Gelernt habe ich:
bin ich dabei, ist es zuviel.
So bin ich
übergegangen, mich anzupassen
oftmals schweigend,
andere nicht überfordernd. Denn
zu oft bekam ich

zu hören:
zu grenzenlos offen
zu viel im Sein,
sich man mit mir auf
sich selbst zurückgeworfen
sieht; wie anstrengend,
gar beängstigend.

Angst vor mir?
Angst vor zuviel?
Verstehe ich nicht.

Ich wäre gerne Ich
ohne bei
irgendjemanden
Angst auszulösen;

mich als Bedrohung empfindend.
Das ist, was
mir anhaftet;

Bitte: etwas direktiveres Verhalten Ihrerseits? Das ich Raum
füllen, ausweichen und flüchten kann, sollte ich bewiesen
haben?

Nähe aushalten könnte ich, wenn ich muss ...

23.10.
00:50

nicht fair von mir ...

abseits der Hauptwege,
Begegnung vermeidend,
um die Zeit unmöglich,
selbst in dieser Stadt,
müsste warten,
was ich nicht will,
los laufen,
durch Gassen, Strassen,
an hellerleuchteter Front vorbei,
sehe durch Glas
Männer unterschiedlichen Alters,
Jacketts und Krawatten abgelegt,
oberster Hemdknopf im Konsenz
ohne Worte offen,
wie sie da sitzen, provokativ direkt
am Fenster, kann sogar
Beine ahnen im neunzig Gradwinkel,
Füsse korrekt nebeneinander,
in Essen vertieft, in das ein oder andere
Tischgespräch, aber bitte
keine Politik oder gar Religion;
sehe sie,

wohltemperierte Gelassenheit,

dann wird es eng,
mir wird speiübel
am liebsten möchte ich ...
Brunnen gegenüber
nicht tief genug,

über Geländer in den Fluss?
weiss, es gäbe
bessere Stelle,
mittig der Brücke,
einfach ...
jemand hat
mit pinker Farbe auf Asphalt
Fussabdrücke hinterlassen,
auf der einen Seite endeten sie
vor dem Geländer
gegenüber, liefen sie
vom Geländer weg
auf die Strasse
ein ganzes Stück geradeaus,

an der Brücke
ist es schon so eng ,
dass ich selbst
dies Vorhaben,
im gestochenen Tempo,
nicht umsetzen kann.

Es ist zu eng,
alles,
selbst zu eng,
stehenzubleiben,
auf das Geländer
zu klettern

wie kalt das Wasser sein muss -
Gedanke, der zwischen
allen anderen querschiesst.

Würde ich nicht tun,
das andere Thema,

wie Sie so schön sagen -
beunruhigt Sie das Das?
Sollte es eigentlich nicht
oder?

doch?:
dazu bin ich zu feige, ehrlich.
Gelegenheit war da,
zufällig, einfach, grandios zugleich,
hab nicht abgedrückt ...
drum begnüge ich mich heute mit
gelegentlichen Gedankenspielen,
das beruhigt,
wissen Sie doch sicherlich.

Sie sollten daran keine Gedanken verschwenden, bitte.

Den Tod stelle ich mir als einen jungen Mann vor, der bei
mir klingelt; wenn ich öffne, steht er da in einem zugeknöpft
gebunden Trenchcoat, am Hals schaut ein blauer
Rollkragen heraus, mit Cordhose, dunkelbraunen gepflegten
Lederhalbschuhen, die Haare geschnitten und anständig
gekämmt, ein adretter junger Mann, der mich dann
anlächelt, einfach nur so, den ich nicht kenne und der mir
trotzdem unglaublich vertraut vorkommt; während ich den
Kaffee aufsetze, die Kekse auf einen Teller richte, er
hereintritt, frage ich ruhig, was ihn denn aufgehalten hat?! -
Eigentlich möchte ich ihn anschreien: wo warst Du so lange!
Auf seinen Brustkorb möchte ich
einhämmern, ihn verfluchen:
hättest Du nicht früher kommen können?!

... befürchte, ich werde mindestens hundert
verdammt!

Wenn ich dann
mit meiner Enge allein bin,
alle Fenster weit offen,
ich merke,
es reicht nicht,
finde ich mich,
Entschuldigung für die Offenheit,
nackt auf dem Küchenboden wieder,
Enge, Hitze in mir
gehen in Terazzoboden über,
es wird nicht kühler,
der Kopf schmerzt,
Schläfen reiben hilft nicht,
dann
rede ich

gegen, in die Enge;
müsste Ihnen das erzählen,
doch ich rede erst hinterher,
wenn Sie nicht mehr da sind,
rede in die Dunkelheit,
wenn sie nach langem Tag
im Zug sitzen,
dann rede ich immer noch
mit mir, mit der Welt,

mit den geliebten Menschen,
die nicht mehr da sind
oder nicht mehr zuhören

bitte darum, dass es aufhört,
dies ewige Denken, wünsche

wohltemperierte Ignoranz,
mag ich die dort dafür?

Oder verachte ich sie deshalb?
Weiss es nicht.
Wie geht das?
Wie kann ich mich an einen Tisch setzen,
essen, was auf dem Teller liegt? ohne das
irgendetwas eine Rolle spielt?
Nur Wiederholungen in der Welt,
ewig Inszeniertes,
Belangloses
gegen schmackhaftes Rindsfilet
auf dem dekorierten ...
biodynamisch!
verrückt -
wie Kampftruppe, die einen
Friedensnobelpreis erhält,
Verbot einer Werbekampagne für
Zigaretten, die den Zeitgeist benennt,
um die Jugend zu schützen?
Wer schützt sich denn da vor was?

... Bilder denken,
gehetzte Sekundentaktung
wie lange ich am Boden liege?
es geht nicht vorbei ...

Amnesie wäre toll,
dazu müsste
ich den Kopf ein paar mal
auf den harten Stein schlagen.
Was ich nicht fertig bringe,
die Wolfsjahre sind vorbei,
nicht geholfen, das Laufen damals.
Warum also das noch mal probieren -
der Kopf tut ja schon weh.

Nur einschlafen,
wie wunderbar wäre das,
doch da sind diese Bilder,
an wie viel kann sich
ein Mensch erinnern?
Mein Kopf tut immer noch weh ...

höfliche Distanziertheit zum Leben,
dem Rest der Welt, die dazu berechtigt
in der Mitte zu existieren,
ich denke, so ist dies Land,
könnte ich das?
im Ungetüm Gestein verlieren
einfach dahinleben?
nicht dies Gedankenkarussel
mit Bildern, alten wie neuen:
sieht das denn keiner?
oder bin ich einfach zu blöd?
um was?
wie geht das? vergessen?

Je mehr ich versuche zu vergessen,
je mehr erinnere ich,

Grundrisse von Wohnungen, in
denen ich mal gelebt habe,
Gesichter, Namen, Situationen, sogar
Gesagtes, Geschriebenes
... brauche keine Photos dazu.

Photos, für was?
mich meines Schweigens erinnern?
das Schweigen der anderen?
Schweigen ist auch eine Waffe?

Doch diese Waffe ist mir lieber als
Worte, die sich zu Krieg eignen:
Nur ein Satz.
Ohne Konjunktiv,
ein Satz,
unübertroffen,
in allem ...
daran scheitere ich wohl.

Die Suche, nach irgendetwas, irgendjemand,
das oder die mich über diesen Satz wegbringt,
ist wohl, was mich ...

nicht zu fassen;
ein Satz,
zielgerichtet,
ein Leben im Visier sicher
über Haufen schiessen,
ein Satz,
der alles beinhaltet an Schmerz -
Sie haben Recht:
es tut weh, es tut verdammt
noch mal weh, immer noch
liegt der Feind am Boden
das Nachtreten, weil sie
sich sicher sein müssen -
doch war ich gar nicht
Feind, waren sie selber -

wochenlang habe ich geträumt,
den gleichen Traum,
im Dunkel in die Ecke getrieben,
sie befielen mich,
zerrten an mir
bis meine Bauchdecke platzte,

machten sich über Eingeweide her,
rissen Stücke gegenseitig aus Händen,
schrien, kreischten
ohrenbetäubend: da liegt sie
ich habe nichts gesagt
nicht im Traum

später auch nicht,
niemandem.

Hat auch keiner gefragt ...

Erstaunlich über welche Zeit
Mensch ohne Schlaf
auskommt und dennoch
funktioniert.

Schlaf versuchen,
vielleicht
rauche ich eine,
zwei, leise Musik,
schaue der gegenliegenden
Strassenseite beim Schlafen zu,
nur so zur Beruhigung.

28.10.
14:45

Wissen Sie?

Frage mich, ob dies
Schreiben den Rahmen
unserer Beziehung überschreitet?

Sie gaben mir keine Rückmeldung,
es gerät zum Äussern in einen
leeren Raum ohne Widerhall.
Unendlicher Freiraum, der mir
Lächeln auf das Gesicht zeichnet,
den ich nur zu gerne als
tausendundeine Möglichkeit
betrachten möchte ...

darf ich das?
irgendwo in diesem Raum sind Sie?
Verfüge über wenig Erfahrung
im Umgang mit
Ihnen, als dass ich wüsste,
was angemessen wäre,
was zumutbar, was nicht?

29.10.
23:05

*Wenn der leere Raum -
gefühlt, ein unendlicher Freiraum ist und Ihnen ein Lächeln
auf das Gesicht zeichnet, dann wüsste ich nicht, was
dagegen sprechen soll.*

26.11.
01:45

Seit unserem letzten Treffen ist es
beschwerlich geworden, die Tage
zunehmend gemaßregeltes Funktionieren,
unglaublich ermüdend.
Auf Gesellschaft gerne komplett verzichten,
die Sätze gehen nicht mehr aus dem Kopf:
ich fühle mich missbraucht,
ich möchte frei sein davon;
warum kann ich das nicht aussprechen?
von was frei sein?
auch der letzte:
wie viele Tränen fasst ein Ozean?
Ihre Reaktion habe ich
nicht verstanden.
Was war das?

Ahnung, es klingt blödkitschig,
annähernd mein Innerstes,
Kern meines Wesens ,
wohl Greifbarstes an mir,
dieser letzte Satz,
froh bin ich[2], habe ich
nur einen Ozean erwähnt.

Eigentlich steht dieser Satz, wenn er auch befremdlich
klingen mag, für ungreifbare Traurigkeit, die ich in mir trage,
seid ich mich erinnern kann. Bei näherer Betrachtung,
denke ich, es war und ist vielleicht noch ein Wesenszug, vor
dem andere Angst haben könnten.

Als Kind Weltschmerz in sich zu tragen, ist wohl
absonderlich und schwer umgänglich ...

Woher diese tiefe Traurigkeit rührt?
habe ich nie wirklich überlegt,
sie war einfach da.

Bilder von Erlebtem im Sinn;
das Träumen,
verstärkt sich,
wird lebhafter. Leider auch
bedrückender.
Es vermischen sich Erinnerungen an
Räume und Menschen mit
konstruierten Bildern von Aktennotizen
aus Kindheit und Jugend.

So träumte ich mich in innenliegendes Bad,
weiss gefliest, gegenüber der Tür
eng bei einander:
Dusche, Waschbecken, Spiegel darüber,
dann die Kloschüssel.
Feuchter Nebel zieht langsam ab,
schaue auf verschmierte Fäuste,
Längsschnitte an innseitigen Handgelenken,
langsam tropft hellrotes
Blut in das Becken.
Aufschauen in den Spiegel in
liebevoll vertrautes Gesicht,
aus frühsten Jugendzeiten;
ihre dunklen, langgewellten Haare,
sommersprossiges Lächeln aus
blauen Augen nach rechts unten
blickend;
dort sitzt ein kleines
Mädchen auf dem Boden,
vor gewahr werden: dass bin ich,

ruft ein Mann einen Namen,
Tür zum Bad öffnet sich ruckartig,
mit derbem Griff wird die nun
unkenntliche Frau aus dem
Raum gezogen:
Mach es weg,
mach es weg,
echot es im Schädel -

aufwachen erfolgt wie ein Schlag
auf den Nacken, der schmerzt,
der Hals eng,
zum Waschbecken,
stechender Würgreiz,
vertraut ...

Hatte ich als Kind schon, es hat mich manches Mal völlig
unvermittelt überkommen. Damals gefolgt von einem beinah
unerträglichem Husten, bis zur Atemlosigkeit, bis mir Tränen
in den Augen standen.

Dieser Traum wiederholt sich,
der Raum ist erfüllt von einem traurigen, dennoch
friedvollen Lächeln ...
das Mädchen kniet auf dem WC Deckel,
beginnt das Waschbecken zu säubern.

Handlung ist vertraute Marotte.

Erinnerung kam mir auf der Rückfahrt. Die Bilder begleiten
mich wieder seid einigen Jahren, betreffen einen der
Kuraufenthalte in der Kindheit, ein einziges Mal, dass ich
nicht ans Meer verschickt wurde.

Täglich Anhöhe hinaufgestiegen,
Reliefs des Leidenwegs Jesu,
oben die Dreierskulptur,
klassisch katholischer Aufbau,
allein davon könnte ein Kind
Schaden davontragen?

Grosser Schlafsaal, vier Abteile zu je acht Betten, zur
Fensterfront mit halbhohem Schrank separiert, entstand
zwischen Schlafnischen und Fenstern ein Gang für die
Nachtwachen, alles Schwestern in schwarzer Gewandung,
ermöglichte gesamten Raum zu überschauen.

Schwerfallende Vorhänge zur Nacht vor die Fenster
gezogen, durch die Tags hellstes Licht schien. Zu
bestaunen lediglich bei Krankenbesuchen,
unüberschaubar befremdlich,
Unmengen an strengen
Regeln, die keiner erklärte.
Immer gleicher Tagesablauf
machte müde und mich traurig,
so dass ich nicht schlafen konnte. Bereits in der ersten
Woche stand ich im Treppenhaus in der Absatznische vor
der Tür der Schwester in der Dunkelheit. Habe dann doch
nicht geklopft, bin in den Schlafsaal zum Fenster,
dort gestanden,
zwischen Glas und Stoff,
schaute den Sternenhimmel an,
bis ich zusammensank,
endlich einschlief.

Der Weckdienst fand mich, mehrfach
auf ihre Fragen antwortend: heim,
ich wolle einfach nur heim.

*Kurz vor Ende der Zeit dort
setzten sie mich in den Zug,
verstanden also
hatten sie mich nicht,
ich wollte doch heim[3].*

*Im Betrachten der Sterne,
beruhigend friedvolle Stille,
Kühle des Glases, Geborgenheit
im Auflösen in der Weite spüren:
da wollte ich hin;*

*doch ahnte ich:
nach da oben, mich auflösen,
einfach verschwinden,
das geht nicht;
so schaute ich Nacht
für Nacht Sterne an.*

*Später verspürte ich dies
beim Anblick des Meeres,
frisch gefallenem Schnee,
Schmetterlingen im
gleissenden Sonnenlicht oder
einfach nur Wasser,
Wasserglaswelten,
die mich traurig machen,
aber wunderbar beruhigen,
Momente des Luftholens, die ich
seid geraumer Zeit wieder erringen muss.*

*Abgesehen davon, dass es mir im Alltag
immer öfter die Sprache verschlägt,
beginne ich langsam wieder zu stottern.*

Du liebe Güte,
Hilfe bitte.

Sicherlich gab es
Anlässe für Traurigkeit,
irgendwann jedoch
verloren sich diese,
es blieb für mich nur
seltsam widersprüchliches Gefühl.

Vielleicht ist es das, wovon ich
befreit sein möchte?
Oder etwas ganz andres?

... eigentlich möchte ich nur schlafen,
jetzt, zukünftig
ohne Gedankenkarussell,
ohne Kopfschmerzen,
ohne nachts aufzuwachen,
aus Träumen der Unruhe,
die bis an den Hals drängen,
mich würgen ...

jetzt langsam
könnte ich es schaffen
mit schlafen -

Versuch wäre es wert ...

28.11.
21:20

Das weiss ich zu schätzen, doch wenn Sie
nicht das Anliegen haben mir
beim Schweigen zuzuhören, macht
dies im Moment wenig Sinn.

Schweigen wird wieder zur liebsten Beschäftigung, nur zu
gerne würde ich diesem Bedürfnis nachgeben, doch aktuell
befindet ich mich (...) im Seminar:
Emotionen und Übertragung, wie passend ...
bei dem blossen Gedanken, wird mir schummrig,
doch es ist bald überstanden.
Den morgigen Vormittag noch, nach dem Mittag Zugfahrt
durch verschneite Landschaft. In ausgekühlte
Dachgeschosswohnung - wunderbar.

Zusammenfallen der aufrecht erhaltenen Contenance wird
nicht so arg sein, da eine wohlwollende Stimmung herrscht,
auch habe ich die Möglichkeit, mich jederzeit aus dem
Geschehen herauszunehmen.

Das mir und meiner Befindlichkeit Raum geben,
bekomme ich also noch recht gut hin.

Dabei nicht die Grenze des Verträglichen
überschreiten?
Verführerisch, des abends
auf ausgestorbene Strassen treten,
zwei verbleibende Gassen
zum Wald hinaufschleichen,
dem klaren Sternenhimmel
durch lichtes entlaubtes Geäst zu folgen,
zur Schneegrenze ... hinauf, immer weiter,

*dem Knirschen unter
meinen Schritten folgend.
Welch glücklich erschöpfendes Gefühl
muss das sein? Irgendwann
vornüber in dies Kühlweisse fallen,
das Gesicht darin versenken,
bis zur erlösenden Taubheit,
die plötzlich erwachte innere Kälte
mit äusserer zu vertreiben,
mich im Verschwinden begriffen
in ein leichtfüssiges Reh verwandeln
dem Gipfel entgegen stürmend;
weiter.*

*Mir ist kalt.
Von innen heraus,
ein leises Klirren,
damit wache ich morgens auf,
kann nicht begreifen,
woher sie rührt ,
dazu tonnenschwere Müdigkeit,
die keine Erfüllung gefunden.*

*Das Träumen hört nicht auf,
drei vier mal wache ich
in der Dunkelheit auf,
muss mich orientieren,
Schritte zum Fenster ertrotzen,
mich der Nacht vergewissern
- meiner selbst.*

*Es ist beschwerlich, immer noch -
wird es wohl ...*

auf die Zeitspanne gesehen,
die ich bereits in diesem
vertrauten Tal verbringe,

am Ende betrachtet
wird es eine kurze Weile gewesen sein.

01.12.
14:35

Wenn Eines schwindet, widme ich
mich Anderem;
Bilder nicht aus mir heraus können,
weil Unruhe mich ergreift,
die Hände so zittern lässt,
dass kein Strich gelingen mag,
beginne ich mit schreiben,
Beruhigung des Zitterns bis
zur Entleerung des Kopfes
und umgekehrt.

Was aber,
wenn unruhiges Schweigen anhält,
verstockt auf Standpunkten verharrt?
Zurückhält,
verstaut in unbekannten Tiefen?
Inneres Zwiegespräch zu Stottern gerät,
versiecht in sich verwässerndem Moor
über dem sich Eis ausbreitet?

Erblindung durch Hochwasser
in frierenden Augen
nicht runter zu pegeln ist?
- nur Innensicht lässt
unbekannte Kälte überhand nimmt,
Wachen trotz aller Müdigkeit der
erträglichere Zustand ist?
Vertrauter Wolf erstaunt aus
seinem Versteck schaut,
nicht erkennend, welche Landschaft
sich ihm eröffnet,
befremdet vom Anblick

von nebulöser Unruhe ergriffen
in Trab setzend,
neuen Unterschlupf suchend,
der sich nicht auftun will -
vertraut entfremdet
kein greifbarer Halt, in die Eiseskälte
ohnmächtig gezwungen:
Wohin? Der erdrückenden Kälte fliehen.

... von mir selbst befreien?
Ist das die Idee?
Sich selbst neu erfinden?
Ignoranz gegenüber allem Vergangenen?

Ist es das, fühle ich mich gefangen
in einer Möbiusschleife,
mit aller Verzweiflung, die dies mit sich brächte.
Schlagartig werde ich zu einer Steinalten,
am erkalteten Ofen ausharrend,
obwohl sie weiss: es ist Zeit zu gehen.

Auf mich selbst zurückwerfend,
entwickelt sich eine Ahnung:
noch ein Mal, wieder
und wieder.

Wie oft? Wie viel Male?
In der Vielfältigkeit zur Einfältigkeit
der Illusion zurückzukehren
mit dem Wissen der Wiederholung?
Ahnung einer weiteren Verwundbarkeit?
Armer Sisyphos, der ich dann wieder bin.

Eingebrachte Wunden brechen
immer wieder auf.
Zeit heilt keine Wunden,
sie macht sie vertrauter.

Ab einem gewissen Grad
spielt es keine Rolle mehr,
ob sie bluten,
selbst der Versuch
in der Hingabe auszubluten,
in diesem Ausbluten Heil zu
finden, misslingt:
komm, noch ein Mal?
Dies eine Mal noch?
Ein letztes Mal?

Welches ist die letzte Option?

10.12.
12:40

Durchschlafen
wäre wahre Wohltat, wenn
es erholsam wäre.
Im Aufwachen fühle ich mich
müder als am Abend zuvor.
Müder und unruhiger,
das Träumen vielleicht;
so einfach ist das nicht
mit wegwischendem Vergessen.
Es ist, als wollten Bilder mit aller Macht
ins Bewusstsein dringen,
mich verspotten:
hast du das wirklich geglaubt?
dass es so einfach ist?
Du siehst uns nicht?
willst dich nicht erinnern?
so einfach machen wir es dir nicht.

Sie haben das Tempo gewechselt,
Zeitlupe mit Tiefenschärfe.

Erwachen mit verhärteten Muskeln,
verkrümmt, verschroben bis in
äusserste Gliedmassen,
unfähig zu jeglicher Regung,
Augenlider so schwer, dass
die öffnende Bewegung
zu einem Kraftakt gerät;
dem Bildersturm entgegen treten,
erhöht den schnellen
Puls um ein Vielfaches.
Aufwachen in unfassbarer Unruhe;

in dunkler Wohnung braucht es
Zeit und Geduld,
um im Tag anzukommen.
Duschen und Kaffee helfen
gegen die Traumbilder,
nicht gegen Unruhe.
Diese steigert sich
Stunde um Stunde,
bis sie am Hals
als tatsächliche Pulsschläge
überdeutlich spürenbar,
gar im Spiegel zu betrachten sind,
dann starre ich gebannt auf
dieses Etwas,
fühle mich im Körper fremd,
hemmungsloses Pulsieren,
welches mich fesselt,
ich atmen vergesse.

Anderes Gefühl, als jenes,
welches vertraut Luft abschnürt
bis zur Wortlosigkeit.
Inneren Ursprungs,
drängender, ungestümer,
ausserhalb von Taktung,
auf und ab steigend,
flattriger Kolibri, sich anschickt
herauszubrechen, doch seltsam
unentschlossen verwirrt,
verwirrend,
mich verwirrend,
verzweifelnd darüber:
was veranlasst meinen Puls
zu solcher Unruhe?

Fassungslos staunend wende ich mich vom Spiegelbild ab,
beginne profan Alltägliches, in der Hoffnung, dass es mich
beruhigen wird.
Fehlgeleitet, scheitere ich
im Moment zu dem alles erledigt ist,
werde gewahr, es hat nicht aufgehört.
Ratlos versuche ich Dialog mit mir,
mir fällt nichts ein,
kein kleinster Gedanke,
kein Wort oder Silbe geht über
meine Lippen schweigen,
nichts Kluges im Sinn, Leere,
bis zur hellwachen Erschöpfung,
bis Tränen über Wangen laufen,
deren Quelle nicht wahrgenommen.

Zu unnachgiebig Halspulsigen das:
warum finde ich
keine Worte, kein Gefühl,
kann mich nicht ins Verhältnis setzen?!

Der Versuch mir einzureden,
alles ist in Ordnung, misslingt ebenso
wie dieser Unruhe nachzuspüren,
sie lässt sich nicht ergründen ...

ein weit vereistes Feld an dessen Horizont ein Reh
auszumachen ist, welches sich abmüht, mit gesenktem Kopf
und eisigdampfenden Nüstern den Boden absuchend, die
letzten Gräser zu finden, Hufschläge der Verzweiflung über
dies karge Land, über dem Nebel aufzieht und die bereits
erkalteten Sonnenstrahlen verdrängt.
Ungeschützter Wolf auf offener Ebene,
beobachtend angespannt
zum Lauf sich umkehrt,

sein Blick greift in Inneres,
hält Aufmerksamkeit bei sich,
nur Frage entspringt Tiefblauen,
in meinen Sinn: und jetzt?
Was kommt jetzt? Wohin?
Doch da ist nichts,
was ich ihm entgegnen könnte,
nur Leiszittriges: warten.

Seine Entgegnung
denkbar einfach:
Worauf warten?
Sein Augenschlag
löst Schwindel aus,
flattrigen Puls am Hals,
verschwimmender Blick,
nicht enden wollende Szene:
warum geht er nicht?
soll er doch laufen,
verschwinde endlich,
geh deiner Wege,
lass mich in Ruhe!

Er geht nicht, schaut
mich an, auffordernd
kann es ihm nicht verübeln,
in die Leere:
wer will da schon hin?

Das Reh wird er nicht anrühren.

16.12.
00:10

Wieder schleicht der Gedanke
etwas Einschneidendes
gegen unfassbare Unruhe ...
wenn ich nur wüsste was?
ohne wiederholen.

Weitere ermüdende Woche mit
zwanghaft bewegender Enge,
statt endlich zur Ruhe zu kommen,
ist alles Unwesentliche getan,
während Unruhe hält in Bann,
ab von wartenden Arbeiten,
Leinwände erwarten Farben,
Formen, schon längst aus mir
herausgeflossenem, alles da,
vorbereitet - wartet,
meerschaumgeborener Skulptur
Form geben,
weiteres Intermezzo verwerfen,
obwohl alles greifbar wartet.
Wartet auf mich,
stehe achselzuckend im Atelier,
ein paar Quadratmeter Wohnung,
von einer Ecke in die nächste,
Kehrtwende, andere Ecke, im Kreis
weiter fort,
Ruhe herstellen,
zumindest im Ansatz
sinnigere Tätigkeit finden.
Schaffe es nicht
nur einen Funken
einzulassen.

Keine bekannte Melodie,
nicht überbordenes Licht
leiten aus Bedrückendem;
so aufwühlend,
Vorstellung des Implodierens,
explodieren wäre mir lieber,
endlich Druck loswerden
samt defekten Überdruckventil ...

Überdruck, über, drüber hinweg,
drüber bin ich
lange, überfällig.
Kein Ventil angeschlagen,
es fehlen Handlungsalternativen,
Ventil aufdrehen,
Druck ablassen,
weitermachen ... -
weitermachen? wie wäre das?

Im Lexikon heisst es jetzt Sicherheitsventil, wie spassig:
Das Sicherheitsventil spricht an, wenn der Druck in einem
Druckbehälter den zulässigen Betriebsdruck bei
vorhersehbaren Störungen um mehr als 10% übersteigt. Bei
richtiger Dimensionierung des Sicherheitsventils bleibt der
Druckaufbau beherrschbar. Nach dem Ansprechen des
Sicherheitsventils und Abbau des zu hohen Druckes durch
Abblasen in die Umgebung oder über eine Rohrleitung
schließt das Ventil wieder und die Anlage kann weiter
betrieben werden. Ein Beispiel ist das
Kesselsicherheitsventil einer Dampflokomotive.[4]

Das Bild in mir unverändert,
wie mühselig ...

das Reh, der Wolf, beide

unverrückt auf eisigem Feld
Stellung harrend, immer noch
geduldig beinah freundlich,
die Köpfe um einen Deut
mir zugeneigter.

Am liebsten plattwalzen, beide!
In fulminanter Geste,
das Band zwischen ihnen gespannt,
liegt deutlich zu Tage, gerade Strecke,
vollkommen ungeschützt stehen sie.
Dampflokomotive - das wäre ich jetzt gerne,
schnurgerade einfach drüber hinweg,
alles dem Erdboden gleich,
drüberdonnern ohne Nachdenken,
kein Mitgefühl
frei sein - doch von was?
Bin ich doch
freier, als das manch ein Hirn denkt,
keine Bindungen, keine Pflichten,
keine noch so kleine Erwartung,
da ist nichts -

lass uns Tauben vergiften[5] gehen im Park,
meine Tauben sind ein Reh und ein Wolf,
das bin ich! mitsamt dem eisigen Feld
auf dem sie verharren - wohin also?
Ich bin frei, könnte gehen,
ich wollte, alles lassen.
Dieser Monat ist grandios,
genau dies zu spüren,
quod erat demonstrandum ... QED

Gehen, loslassen, darauf angelegt,
vorher niederbrennen,

bewundernd angemerkt:
Phönix - von vielen beneidet;
lächerlich - wie mich das anwidert,
mich unbedachte Leute anwidern,
allen voran widere ich mich an,
finde mich skuriler Weise wieder,
im gefühlten Perpetuum Mobile,
verzweifelt,
verdaue mich selbst,
nach kurzer Zeit auskotzen,
betrachte Erbrochenes,
stopfe mich in mich hinein,
weil ich das bin
nicht verlieren darf
was ich noch hab
an Seligkeiten
mich ertappend
willentlich etwas am Mund
vorbeitropfen lasse
ich satt bin an mir
dennoch wiederholend,
bis zum Erbrechen
gleiche verbrannte Erde
die ich da esse
immer gleich?
Phönix erscheint in gleicher Gestalt
Rad eines Perpetuum Mobiles
wächst nicht
drum bleibt dies
ein müdes Lamento,
ekelerregend.

Ich hab es satt!
Wie kann das sein?

Im selben Moment
Müdigkeit und
Unruhe spüren?
Keinem
gerecht werden?

Wünsche
stilleinlullende Traurigkeit
zurück, Gedanke,
der vor Absurdität strotzt.

Dennoch, das ist neu:

wie wäre bleiben?
Nicht gehen, nicht lassen,
bleiben, halten?
Einhalten,
aushalten,
anhalten,
festhalten
... halten?
wie geht das?
wie macht man das?

dabei nicht in tausend Splitter ...
zusammenhalten? Mich?

21.12.
14:10

Manche Vorhaben sollte ich
mit Ruhe und Achtsamkeit zu
angemessener Zeit erledigen,

nun hoffe ich, dass Sie
nicht enttäuscht sein werden.
Das Buch, mit Bedacht gewählt,
bleibt nur kleine Aufmerkamkeit,
Geste des Danks.

Vorerst werde ich bemüht sein, zur Ruhe zu kommen,
soweit das überhaupt möglich ist nach der letzten
Begegnung. Es war ... aufschlussreich, mühselig und
wiederholend, auf dem Weg zum Bahnhof, den ich zu Fuss
innert kürzester Zeit erreicht hatte, so dass es noch für eine
Zigarette auf dem Bahnsteig langte,
der einzige Gedanke:
nicht das wieder,
nicht wieder ... Bindung.

Ausgesprochene Zusicherung
an mein über Jahrzehnte
zerfetztes Herz
for now I am winter[6]
dass es so kalt werden würde in mir,
hatte ich nicht erwartet, doch ...

das wird zu ausführlich;
eigentlich wollte ich nachhaken.
Vielleicht habe ich mich
in der Kürze nicht verständlich ausgedrückt,
oder vielleicht haben Sie es überlesen

vielleicht einfach vergessen
was keine Rolle spielt,
es ist nun so.

Dies sei angemerkt:
es ist bedrückend mit
Unerledigtem in Neues gehen.
Das mag befremdlich klingen, doch
es ist für mich wie
klare reinweisse Leinwand,
Offenes ist befleckend,
dies zurechtrücken,
darüber denke ich nach.
Am einfachsten wäre,
es begleichen.

Mit Gedankenüberwindungen
könnte ich es ...
doch was soll es, ist nun so.

Ihnen wünsche ich
kristallglitzerndes Lichtweisses und
umhüllende Wärme in den Bergen.

23.12.
12:10

wie peinlich ist das denn?!
aufgerieben, blank
liegen meine Nerven,
dass ich übersehe ...
also ich meine ...
dass, weil wir doch bereits
darüber gesprochen haben,
Sie dem Sorge tragen
wie festzustellen ist;
ich Ihnen Vertrauen
schenken dürfte, weil
es in Ihrem Interesse liegt.
Stattdessen falle ich
in Kleinstpanik, entgegne
mit dem Versuch
von Kontrolle ...

wie dumm von mir,
alte, kleinliche Muster,
heraufgetrieben
an die Oberfläche
verdrängt es selbst das
letzte bisschen ...

es tut mir leid.

22.01.
23:20

Zum Abschluss unsres letzten Treffens,
sprach ich kurz an,
dass ich mit dem durch das Schreiben
eröffneten Raums Schwierigkeiten habe,
der Eindruck Ihrer Reaktion, hat
Erleichterung gebracht, um dies
Schreiben wieder aufzunehmen,
doch bleibt die Frage, wo in diesem Raum
darf ich Sie verorten?
Meine Frage vor Aufnahme dieses Schreibens haben Sie zu
meinem mittlerweile aufkommenden Bedauern nicht
beantwortet, was ist zumutbar?
Ehrlich, ein Lächeln finde ich keinen ausreichenden Grund
für einen solchen Freiraum, der im schlechtesten Fall, Sie
als in diesem Raum existente Person übergeht. Und das es
eine wenn noch unbestimmte Existenz Ihrerseits gibt, ist in
keinem Fall zu verneinen. Es sind Sie, der ich all diese
Befindlichkeiten zumute, anders würde es für mich keinen
Sinn ergeben.

Doch in jeder Beziehung gibt es
zu verhandelnde Spielregeln:
erste durch Ihr Angebot eröffnet,
meinen inneren Druck ausgleichen,
mein Schweigen durchbrechen,
wenn auch geschrieben noch nicht gesagt ist,
im Gesprochenen erst endgültige
Verbindlichkeit vorhanden ist,
doch das wissen Sie;

zweite, Sie im Schreibraum im Diffusen
zu halten, ist gescheitern,

versucht hab ich es, wirklich.

Es gelingt nicht,
mag ich in mancherlei Hinsicht
brüskierend sein,
auf Dauer gelingt es nicht.

Drum nochmals die Bitte um
zumindest einer Andeutung
Ihrer Position in diesem Raum,
den ich nur zu gern weiterhin
mit Worten anfüllen würde.

23.01.
02:55

Vorwort vermerkt, Hauptteil nun.

Im Übrigen sitze ich hier in einem Doppelzimmer
mit nur einem Bettzeug, was mir die Tristesse meiner
Existenz wunderbar vor Augen hält, an einem studentisch
anmutenden Arbeitstisch. Das Raumangebot ist beengt,
immerhin hat es einen Balkon
die ein und andere Zigarette verbotener Weise,
womit Unruhe wie Schlaflosigkeit
im Zaum zu halten wären.
Dabei behilflich
ist erdigschwerer Rotwein ...

Theoretische Ausführungen machen mich
nervös, wieder wie beinah jedes mal,
wenn es um Bindung geht.
Einfach nicht darauf gepolt
wie ich wieder feststellen durfte,
gibt es reichlich Gründe,
wunderbar wäre, wenn ich diese
als Ausrede missbrauchen könnte,
dies leidige Thema abzuhaken.

Doch ich bin Mensch wie jede andere,
die sich in sozialen Kontext setzen möchte.
Im Verlauf des Tages vollführte ich
kleine Gedankenakrobatiken:
was wohl wäre, würde ich
Teile meiner Biografie kundtun?
Dabei musste ich lächeln,
Reaktionen darauf wären wohl übliche:
mitleidige Anmerkung einer

vermeintlich Stärke, die sich
in der Person begründet,
also nochmal ...

ich bin nicht stark;
nicht mal annähernd,
auch wenn man das
wahrnehmen könnte.

Ich bin über vieles,
was für andere völlig normal ist,
zutiefst verunsichert.
Allgemein gültige
unausgesprochene
Spielregeln verstehe ich
nur mit grösster Mühe, oft laufe ich
kindlich naiv in offene Messer, weil
ich Motive nicht hinterfrage,
ich glauben möchte,
es ginge - um mich,
Funktionalisierungen,
die es in jeder Beziehung gibt,
möge sie noch so sehr von
Zuneigung gar Liebe getragen sein,
wissentlich verweigernd, bis
nicht auszuweichen ist,
was schmerzlich wie menschlich
daherkommt,
als Motiv jeglicher Handlung
hinreicht, unglaublich beruhigt.

Fehlbarkeit als Ausweg
bei Erklärungsnotstand.

Was mich unterscheidet?

- vielleicht die zähe
Unbelehrbarkeit in das Leben an sich.
Dabei stellt sich immer öfter die Frage,
wie oft noch, bis es bricht?

Der mir vermutlich angeborene Trotz
überdauert die Müdigkeit,
die sich bei Wiederholungen einstellt,
der noch zu beantwortenden Frage,
gibt es Menschen,
bei denen ankommen möglich wird?
Als Ganzes, nicht in Teilen,
die gewünscht oder passend,
ohne verbiegen,
um des lieben Frieden Willen,
weil anderes Zumutung wäre?
- dann eben doch ...

Es richtig machen? Nein,
keine Triebfeder; die Einsicht,
dass es nicht richtig zu machen ist,
kam früh, zu austauschbar
als dem Trugschluss:
richtig machen, dann ist alles gut,
zu verfallen.

Das Wunderbare dieser Erkenntnis?
Der Rückschluss - wenn ich es
nicht richtig machen kann,
wird es wohl kaum möglich sein
es falsch zu machen;

schwarz oder weiss, richtig oder falsch,
gut oder schlecht - oberflächliche Bewertungen,

die für Erfassen menschlichen Seins, für Beweggründe von
Handlungen keinen Massstab bilden. Sie sind lediglich
kläglicher Versuch der Einordnung in ein unzulängliches
System der moralischen Gleichmacherei. Werte, die an
menschlichen Sehnsüchten und Trieben scheitern, keinen
Widerhall geben von Tiefe, in die hinabsteigen Wagemut
kostet, stellt sich die Frage: wieso?
- es wird dem Individuum nicht gerecht, welches sich müht,
Sinn in Existenz zu finden. Vielmehr ist es Respektlosigkeit
und Vernichtung von Leben, welches nicht in
gesellschaftliche Normen zu drücken ist.

Anders sein heisst, der alltäglichen Gewalt von ängstlichem
Unverständnis ausgeliefert sein, als bedrohlich
wahrgenommen zu werden, nur aufgrund blosser Existenz.
Selten wird nachgefragt, bevor ein Urteil gefällt wird.
Im Alltäglichen gibt es kein gerechtes Verfahren
dem Grundsatz der Unschuldsvermutung folgend,
es wird geschossen[7], komme was da wolle.

Das Anders für andere erfüllen:
Bastard, Findelkind -
verlassen, misshandelt, ausgesetzt -
Heimkind, Hurentochter, Randexistenz -
schweigsam, verstockt, stotternd -
Arbeiterkind, Ungläubige, Ausreisserin -
missbraucht, pathologisch -
Punk, Randalierer ...

so weiter, so fort ...
zusammengefasst nennt sich das
landläufig verkrachte Existenz,
ohne Anspruch auf Vollständigkeit,
das Unterstellte

goutiert mit einem Lächeln.
Versuchung finde ich lustig,
autistisch überprüfe ich auf Gültigkeit,
herzhaft lache ich bei:
Prostituierte und Fixer.

In vermeintlich niederen Kreisen war ich
Anfeindungen wegen Andersartigkeit
ausgesetzt aufgrund höherer Schulbildung:
Studentin, Verräterin -
an den eigenen Leuten,
an der eigenen Familie,
Angepasste -

in einem Dickicht von
widersprüchlichen Existenzen gefangen,
drohend mich im Leben zu verirren.

Mal ehrlich? wie kann ein Verhältnis zu
Bindung entstehen ...
eine Zumutung bin ich, ein Monster,
das sich in vielfältigen Zwischenräumen
bewegen kann, schweige ich, komme ich
überall durch, unbemerkt,
begehre ich auf, benenne Existenz,
erhalte ich Schläge,
einzig Rechtfertigung ...
leidiges Verteidigen.

Das ist mir eingefahren
Sie hatten recht,
ich habe begonnen
mich zu verteidigen,
Ihnen gegenüber,
ohne Anlass oder

Notwendigkeit ...
so eindrücklich,
Haltung, Gestik, Mimik,
als ganzes ... ICH.
Das ist mir unheimlich,
das habe ich tatsächlich
ewig nicht mehr gemacht.

Seltsam nachdenklich
frage ich mich, was mich veranlasst,
Jahre später, zurückgeworfen
auf ein Verhalten, entgegen
einzigen Guts, welches
ich versucht habe
zu erhalten: meine Integrität.
Existenz mindest in mir zu bewahren,
ohne Zweifel an Gültigkeit?

Nebenbei schwirrt der Gedanke, den
Sie aufbrachten, dass ich
andere vor meiner Ablehnung
bewahren möchte? Oder so ähnlich?
Oder anders?
Im Moment besser nicht nachdenken,
macht mich unnötig schwindelig,
selbst wenn ich mich ähnlich ertappt fühle
wie bei der Feststellung der Rechtfertigung.

In Anbetracht der nächtlichen Zeit

ist mal gut jetzt,
im Glas nur noch Weinstein,

keimt die Befürchtung,
kein Stück klar zu sehen -

Paradigmawechsel?
Vom Gehen zum Bleiben?

Schaffe ich
sicher nicht alleine.

26.01.
11:45

Die aufgeworfene Frage nach meiner Position in diesem Raum, wo ich darin genau verortet bin und was Ihre Erwartungen an mich wären, würde ich gerne besprechen.

Es scheint mir, als habe ich noch nicht alles verstanden.

27.01.
09:55

Das haben Sie sich vorgenommen?
alles verstehen?
davon bin ich lange abgekommen.

Eine sich verändernde Einstellung, darum kann ich kaum
von Erwartungen reden, was Sie angeht. Nach meinem
Gefühl wäre es an Ihnen, sich zu äussern, denn alle
Erwartungen meinerseits würden Vermutungen über Ihre
Befindlichkeit beinhalten, das möchte ich mir nicht
anmassen.

Während ich schreibe, kommt mir der Gedanke, dass eben
dies ein Problem darstellen könnte ...

05.02.
00:55

Entschuldigung, das geht so nicht ...
auch wenn ich weiss,
alles Rechtfertigungen hoch zehn,
ist mir gerade ziemlich egal.

Können Sie sich vorstellen?
- dass ich, wenn ich
mit Lebensgeschichte überfordere,
mit Gefühlsäusserungen erst recht?
Massregelungen stets direkt,
tu dies nicht,
tu das nicht,
sei nicht
so oder so,
Lebenslust Ausdruck verleihen:
gelernt habe ich, dass dies
nicht gefragt ist mit anderen,
mit viel anderem, immer schon,
immer - blödes Wort,
sich wiederholende Reaktionen,
ein Leben lang,
auf zumeist in Handlungen,
- wie sonst?! -
geäusserte Gefühle: Ausgelassenheit,
Zuneigung, Freude bis hin zu
Traurigkeit, Ärger oder gar Wut sind
in der Regel Unverständnis
gar Verbote
von wenn - dann ...
überhaupt dumm, so eng!

Also bitte?! Wie soll ich da

anders reagieren?
Behalte ich das für mich.

Gestotter, welches
immer mal wieder
aufs Parkett kommt wie
tremolierender Steptanz;
Worte, geschrieben, gesprochen
nur Stückwerk,
unzulänglicher Ausdruck
... verdammt.

Was mache ich eigentlich?

Gefühlsüberdosiert,
gerade hier zuviel,
fremdschämen anderer
vorprogrammiert -

was für ein Ärgernis!
is that all there is[8]?

Schluss damit,
aber nur vorerst ...

05.02.
18:05

Ich hoffe, dass ich Sie nicht allzu fest verärgert habe gestern. Wir haben da wohl einiges zu klären bei unserem nächsten Treffen.

05.02.
23:55

Doch, haben Sie,
gewaltig sogar ...
das ist gut so!

... ehrlich,
ich rege mich
auf, es berührt tiefe
Wunden, die sich
nicht schliessen.
Es erinnert,
ebenso gut ...

Samthandschuhe?
- schön, doch
nicht immer von Nöten,
da dürften Sie mir gewiss
mehr zumuten, als gestern;
ich höre zu, aufmerksam
mit jeder Faser meines Körpers, froh darum, wenn Sie sich
äussern, gibt es mir den Raum, den ich suche und brauche,
um mich in wahrnehmbare Position zu setzen ... zu mir, zu
meinem Sein,
durchlebten Leben.

Es macht Sinn, da bin ich zäh,
zu aller Vorteil nicht nachtragend.
Mein Anteil, dass solch
Äusserungen möglich?
auf meine Gefühle hin?
scheint der
ziemlich mächtig;

Ihre zaghafte Vermutung
nicht zu überhören,
haben Sie Ihre Hand doch
in älteste Wunden gelegt
auf wundersam sanfte Weise ...

nur leise Wehklage auch dies,
schnell löst Ärger sich in Wohlgefallen,
da Ärger gar Wut Unmut bereitet,
den es zu beseitigen gilt, um mich
in meiner Haut zurecht zu finden.

Ein Gedanke kam bei den Mimosen,
die so wenig greifbar sind wie
dies geisterhafte Wesen
in das ich mich zunehmend zurückziehe;
hatte angenommen, nach all den Jahren
des Wachsens und der Erkenntnis
nicht mehr dorthin zu müssen?
Weit gefehlt, denn auch hier haben Sie
in einer Wunde gerührt,
anders als es mir vertraut ist,
wohlwollender, bedachter
das schreibe ich nicht,
weil es charmant klingt,
sondern weil ich es empfinde ...

erinnern Sie sich an das Bild der Alten im Sessel, zu deren
Füssen ein Kind selbstverloren im Spiel vertieft von einem
Wolf beschützend beoachtet wird?

Es kehrt in meine Träume zurück ...
dies Kind, es stand

auf dem weiten eisigen Feld
nah dem Wolf mit Blick auf das Reh,
ruhig gefasst, Wiederhall suchend[9].
Dann wache ich auf ,
anders als in vergangenen Monaten,
klarer, sogar ruhiger -
in mir steht ein längst vergangener wie
vertrauter Satz, der kürzeste an den
ich mich entsinnen kann: Bin da.

... ob ich lese? Ja, unbedingt
das rote Buch, das sich zu einem
Zurückwandern entwickelt,
mehr als mir lieb ist,
es sind wohl doch
Bücher, die uns finden
denn umgekehrt ...

Beim Einschlafen träume ich
Lebensgeschichte, zusammengesetzt aus
bekannten Aktennotizen und Ahnungen;
träume zurück in der Zeit, in die Wohnung, in das
Kinderzimmer, die blaue Kiste mit Spielzeug,
die vor Schlimmerem bewahrt hat ...
der verheissungsvolle Name der Mutter, die keinen Frieden
fand, kam in ihre und meine Geburtststadt, rückbesinnend
einen Teil ihres Lebens dort zurückgelassen zu haben, den
sie beleben wollte,
sie nahm mich zu sich ... da war ich vier;
sie ging des Abends, schlief tags ihren Rausch aus, den sie
brauchte, um ihre Arbeit zu verrichten ... das Kind überliess
sie seiner selbst,
Geist in stiller Wohnung im
verwinkelten Hochhauskomplex ...
erinnere Leberwurstbrote,

die Wellen schlugen
zwischen angetrocknetem Rand und durch Gurkenscheiben
Aufgeweichtes, was kauen
überflüssig machte.

Eine Dose Ravioli - Erinnerungsstück,
die der Nachbarsjunge öffnete,
wenn ich ihn einliess;
heute im Vorratsschrank - eiserne Reserve.

Die Zeit endete mit gewaltigem Lärm, den ich in Träume
einbaue, die von der Axt berstende Tür, Einbrecher aus
dem Milieu, die die Wohnung durchsuchend das Kind
übersahen, das sich geistgleich zur Kinderzimmertür
bewegte, diese lautlos schloss, sich ebenso geräuschlos in
der Spielkiste zu schlafen legte, unzulänglich beschützt von
Kuscheltieren, in die es all sein Vertrauen steckte; im
Bericht der Spurensicherung stand der Fund eines
verwahrlosten Kindes in eben dieser Kiste,
in Obhut des Jugendamtes übergeben.
Hier verwischt mein Traum die Notiz, dichtet sich selbst
weiter: dort stehe ich, den Blick auf die zerstörte Tür, ein
verstörter Polizeibeamter, den ich bei der Hand nehme, die
Worte flüstere: Bin da!

So endet es
Nacht um Nacht - bin da;
rauchend auf segensreichem Balkon
der Dachgeschosswohnung dieser
dahinträumenden Stadt,
in der Kälte stehend,
erschöpft nahendem Tag entgegen,
Versöhnliches in der Magengegend:
immer noch da.

immer - noch - da

in einem wie Sie treffend sagten,
bruchstückhaft erinnertem Leben,
das aufzuschreiben sich nicht lohnt ...

Sie haben Recht, wenn
Sie behaupten, dass es enorme Distanz
zu Erinnertem und Gefühlen gibt,
kläglicher Versuch
mich vom Leben zu befreien
wie von allem, was ich damit
in Verbindung bringe;

und wenn Sie schreiben, wir haben da wohl einiges zu
klären bei unserem nächsten Treffen, dann jagt es mir einen
kleinen Schauer über den Rücken in der diffusen Ahnung,
ich könnte Sie in meiner Aufgewühltheit verletzt haben ...

15.02.
02:35

Auf nüchternen Magen;
schlaflose Nacht, pendelnd
zwischen Atelier und Balkon,
getrieben, unruhig.

Es war ...
aufschlussreich,
das Reden mit Ihnen,
wenn Ahnung vorhanden war,
erleichternd, das Erlebte um
diese Person auszusprechen.
Es rührt trotz vergangener Zeit
mein Innerstes, erinnert schmerzhaft.
Erschüttert im Aussprechen meinen Kern.
Gelerntes, Verinnerlichtes, bringt
Wut hervor, der ich mit Respekt und
Achtamkeit begegnen möchte.

Schaden ist schnell angerichtet, doch
nur langsam wieder zu heilen!
Aus Eigenem wissend darum,
Teil meiner mich bewahrenden Prinzipien:
möchte nicht Gleiches mit Gleichem vergelten;
ich WILL es nicht ,
wenn es auch Überwindung kostet -
Integrität in meinem ... Sein,
reichhaltig aus Erfahrungen gespeist,
kaum zu teilen;
frühzeitig mehr als genug
Zwischenräume des Lebens,
an die ich mich immer öfter erinnere ...
ungewollt aufgezwungen;

Gefühle undurchschreitbaren Spektrums,
gross die Distanz dazwischen
für gespürte Augenblicke;
welcher Menschenschlag ist mir der Liebste?
Da bin ich unsicher,
mit zunehmenden Alter Einfachheit gar Schlichtheit
ersehnend, sind es doch die Gestrandeten, aus allen
Rastern Herausgefallenen, die so reichlich von der Vielfalt
des Lebens gekostet haben;
um ihrer Ehrlichkeit mit dem Leben Willen, diese liebevolle
Nüchternheit, welche im Erzählen ein wissendes Lächeln
aufblitzen lässt, das Betrachten des Ach-so-menschlichen
Geschehens mit der Abgeklärtheit eines ... Seemanns? -
der irgendwo auf dem Kiez gestrandet
von Der grossen Freiheit[10] erzählt,
im Sich versunken von
menschlichen Verfehlungen berichtet.
Das hat Beruhigendes,
in das ich mich einreihen möchte.
Nähe von Schmerz und Freude ...
du liebe Güte - ich werde sentimental ...
warum eigentlich nicht?

Ihre Beschreibung meiner Befindlichkeit von
kreativer Freiheit, dem Umgang mit Enge
entspricht mir.
Wahrhaben möchte ich dies kaum - setzt es mich in Distanz
zum Gegenüber,
in Widerspruch zu mir selbst,
Verbindlichkeit im Handeln ist wichtiges Gut.
Wenn es an den Kern geht,
werde ich schweigsam
gezwungen handelnd.
Nicht in Worte zu fassen, was ich fühle.
Was zu Ihrer Frage führt, wie verliebt ich war?

Da zögere ich, denn verliebt
war ich im Leben
nur einmal, tatsächlich ...
in frühester Jugend,
später ein ums andere Mal
geschwärmt, was an eine
Verliebtheit heranreichen mag,
doch nicht in voller Gänze
... zumeist für Frauen -
Seemannsgarn, all diese Erinnerungen
erzählend von
meinem Leben, den Menschen,
derer ich mich liebevoll erinnere ...

Verliebt? - ins Leben an sich, ja,
doch weniger in Menschen ...
zu langsam dafür, Zeit nehmend im
Ergründen meines Gegenübers,
meiner Gefühle für diese Person.

Schwärmend ... liebend?
Dazwischen? nicht fühlend,
nur getrieben, unerträglich,
vermeide es seid meiner Jugend,
wirke bewusst mit Langsamkeit entgegen,
in der Ahnung eines Endes,
der dann verbleibenden Erinnerungen,
keinen Moment der Tiefe verpassen wollend,
dieses verzögerte Tempo hat etwas für sich,
meiner Meinung nach ...
in jedem Anfang wohnt ebenso
ein Ende, früher oder später,
später die wünschenswertere Variante.

Auch nach den vergangenen Jahren fühle ich, dass ich sie
vermisse ... so profan es klingen mag, ich wünschte dies
stets lebendige Gefühl der Berührtheit vergessen zu
können. Am Morgen unterwegs im kaum wach sein, sah ich
sie gedankenverloren stehen, dort ihre Hände schauend,
die ich noch auf meinem Hals spüren kann
... Phantomschmerzen?

Sprachen wir über Verliebtsein?
nicht erinnernd,
wie oft, unzählig,
Versuche mich zu erklären,
wie aus Anteilnahme Zuneigung,
bei zunehmender Wahrnehmung
Liebe aufkeimt,
im Gewahrwerden der Person,
den kleinen Momenten,
denen, zwischen
grossen Gesten des Verliebtseins,
die oft aufgesetzt
unehrlich daherkommen
drum zu meiden sind;

kleine Momente, die mich meine
Grenzen überschreiten lassen,
an denen ich in
Leichtigkeit wachsen darf,
fühle, dass ich liebe,
aufrichtig, vielleicht wahrhaftig?
Die sich häufen,
aneinander reihen, gefühlter Sinn
wo kein Sinn zu finden ist,
dies suchend ... es ist
leidenschaftliches Hingeben

im Moment der Vergänglichkeit,
nichts Begehren als das Erleben.
Nichts mehr greifen wollen,
friedvolles dahinsinken im Angesicht,
das Auflösen aller Begehrlichkeiten;
viel Gegensätzliches zum Verliebtsein.

Verliebt war ich nicht, liebend - ja.
Auch wird mir klar, dass
der Tiefe dieses Gefühls nicht
in voller Tragweite mit Worten
gerecht zu werden ist;

es reut mich ...
aus welchem Grund auch immer.

Widerspricht dies Gefühl von
liebendem Verbundensein
meinem Ansinnen von Freiheit?

zu nachtschlafender Zeit
nicht mehr klären ...
so verbleibe ich in
tief empfundener Dankbarkeit,
dass Sie den Mut wachrufen,
dies in mir zu bewegen,
auch wenn es leise schmerzt.

09.03.
12:10

Langsam,
unnachgiebig,
drängt Gefühl an Oberfläche -
Atem geht schneller,
Herz schlägt höhere Frequenz,
Kopf beginnt zu schmerzen,
Magen krampft,
es macht rasend,
all mein Ansinnen,
dies NICHT fühlen,
nie wieder
WUT ...
alles eng in, um mich,
blind ausgeliefert,
muss ich da hin?
was soll ich DA?!
Es schmerzt, überall,
lässt mich würgen!

Unerträglich,
jenseits Gutem in mir,
will da NICHT durch müssen,
enges gewalttätiges Etwas sein,
blind um sich schlagend ohne
Rücksicht auf Verluste,
einmal DAS in ganzer Macht gefühlt -
es war genug,
ES WAR GENUG
E S W A R G E N U G!
Hören SIE!

Ihnen mag das gefallen, mir nicht!

Aus Wut entsteht Gewalt, doch
Gewalt kann, darf nie
Lösung eines Problems sein, niemals!
Auch wenn mich
Einsicht verletzbar macht,
in mancher Hinsicht
ausliefert,
all jenen, die sich anmassen
dies Mittel einzusetzen,
ihren Willen durchzusetzen,
Kontrolle und Macht,
sich über andere erheben,
so kann und will ich nicht
Gleiches mit Gleichem vergelten.
Vielleicht mag das dumm sein,
doch das ist auch Leben,
mein Leben -
ich kann es weder
umdenken, noch umdichten wie ...
es wäre gelogen UND feige,
für mich möchte ich weder
das eine noch das andere,
ich möchte
frei sein von Niederungen,
frei von Drang nach Vergeltung,
frei von Zwang kämpfen zu müssen
frei von Rechtfertigungen für mein Dasein;

für was denn?

ich bin was ich bin[11],
es ist mein Leben!
Verstehen Sie?

... und wenn über
Leichen gehen
Liebesbeweis sein soll,
frage ich mich,
was Liebe wirklich wert ist?!

... oder ob sie sich nicht
in sich selbst
bereits verneint.

11.03.
22:40

*Es wäre meinerseits anmassend zu sagen, ich verstehe Sie
- ich kann einige Ihrer Aussagen nachempfinden - vor allem,
dass es genug war und ist und Sie frei sein möchten.*

13.03.
02:50

Antwort nicht erwartet -

doch bin ich froh zu lesen, dass Sie einige meiner Aussagen nachempfinden können. Auch dass Sie schreiben, dass ein Verstehen eine Anmassung sei, kann ich nachvollziehen, vieles von dem Geschriebenen verstehe ich selbst nicht recht,

... oft sind es eher Fragen, denn Feststellungen,

*Fragen sind Vergewisserungen,
ob mein Gegenüber da ist ...
sei es drum, dankbar um Ihre Antwort.*

*Sie kam zu gutem Zeitpunkt,
war ich doch seid dem Nachmittag unruhig,
Gedankenkarussell setzte am Abend
zu neuer Runde an.
Zum Schreiben zu müde, lag im Dunkeln,
unentschlossen, was mit Wachheit anzufangen
ohne Kreisgedanken zu entwickeln,
Ihre Worte lesend wurde ich ruhiger
beschloss aufzustehen
im Atelier zu arbeiten; Kleinigkeiten, da
Grösseres noch kein Raum findet.
Wie sagten Sie so schön, ich hab doch
Phantasie ... weil?
Wie kommen Sie darauf? Künstler müssen
keine Phantasie haben,
die wenigsten haben sie,
kaum wahrnehmbare Augenblicke,
die in windeseile vorüber ziehen.*

Die meisten Künstler sind
Bestandsakrobaten,
Perspektivwechsler und
Neuanordner,
schöpfen aus Realitäten
setzen zu Anderem zusammen,
das ist der schöpferische Akt,
vielleicht -
dazu braucht es kaum Phantasie.
Lediglich Offenheit,
mit anderen Augen sehen
können ... wollen,
wahrscheinlich nicht mal das.

Der Tag war von
Wiederholung geprägt, Ablenkung, die
Hochschrauben der Gedankenfrequenz
verhindert
Absturz in Gefühlsstudel,
abends vom Drahtseilakt
zwischen Zuviels müde -
schon etwas befremdlich

wie das Ansinnen
Absturz mit Aufstieg zu bekämpfen
... widersinnig oder besser sinnfrei?
Widerspruch in sich? Ja!
ein Oximoron ... passt.

Ebenso Wachsen wollen ohne Schmerzen?
Wachstumsschmerzen, kennen Sie?
Ziehen in den Knochen, unangenehm ...
gehört dazu. Drum mache ich mir um
Schmerzen im Moment wenig Sorgen.
Die sind inbegriffen, gratis - so what?!

Was Sorge macht, ist
aufsteigende Wut,
mit der ich nicht weiss wohin?
Wut, die in jeder Richtung
im Weg steht, vom
hundertsten ins tausendste, wieder zurück
renne ich vor dieser Wut davon,
im Kreis durch die Wohnung,
bis zur Erschöpfung,
immer noch, immer wieder,
kein Entkommen ...
langsam geht es mir auf den Zeiger,
also ich mir selbst.
WUT - so dumm;
trotzdem? Nein, erst recht nicht wegen ...
deswegen auf den Baum springen?
mit Scheisse schmeissen? Nein.
Ach lege Deine Wange[12]
- dafür hätte ich genug bessere
Gründe in meiner Vergangenheit.
Es gibt nicht einen einzigen trifftigen Grund
Wut nachzugeben ...

nicht einmal Traumbilder des Nachts
mit denen ich am Morgen aufwache,
so deutlich ... sie handeln von MEINER Wut
ich mag sie nicht sehen müssen,
doch auch sie wiederholen sich,
vielleicht machen sie irgendwann
nur noch müde,
nicht mehr unruhig,
hoffentlich ...

13.03.
12:15

... erleichtert, Sie begleiten mich,
bringen mich vorwärts
auf so angenehme Art,
die in Ihnen begründet liegt.

Nachdem ich nachts so vieles an Sie loswerden konnte,
habe ich zur Abwechslung nicht geträumt, was das
Aufwachen erleichtert. Traumbilder wie lavaspuckende
Vulkane, weitläufige Erdbeben, antike Städte in Schutt und
Asche sind nicht unbedingt das, was ich mir wünsche,
immerhin sind es keine Menschen, die da aufeinander
losgehen, worum ich ebenso dankbar bin; auch dass sich
das Traumgeschehen recht einfach deuten lässt und nicht
noch zusätzliche Fragen aufwirft.

Dann Erkenntnis vielleicht: warum eigentlich halte ich mich
so an dieser Wut auf, die soviel Unmut bereitet? Möchte ich
einen Paradigmawechsel vom Gehen zum Bleiben
vollziehen? Ist damit nicht verbunden, Frieden mit was auch
immer zu mache, mir Raum zu schaffen, den ich brauche,
um ich zu sein?
Da stellt sich mir dann die Frage, was von alledem, was
mich ausmacht, möchte ich tatsächlich sein?
Habe ich doch reichliche Auswahl an Möglichkeiten, nicht
zuletzt durch das was mir im Leben widerfahren; mich
gerade so wüten lässt.
Wäre es nicht klüger?
mich dem zuwenden,
was mir Freude bereitet?
was ich liebe? Nicht weil ich muss,
sondern weil ich es möchte?

was macht mich aus?
welche Identität ist in mir?
was dafür tun?
Nicht gehen?!
Gehen.
Jeder schafft seine Mythen.
Es galt damals wie heute
ebenso für mich, auch ich
bin nicht frei davon.

Frei sein? Die Idee
ist jedoch, dass dies nicht mein
denn Ihr Thema ist
nur Vermutung ...

dass ich nicht frei sein kann
und möchte im herkömmlichen Sinne.
Meine Überzeugung liegt darin, dass
Freiheit nicht besteht, wir lediglich frei sind
in der Entscheidung, an was wir uns
binden wollen; es sei denn ...
doch unter einem Baum sitzen?
der Welt abwenden?
kein Irgendetwas?

Meine Freiheit? ruft mich auf
Beziehungen zu sehen, keine Selbstverständlichkeiten!
Keine ‚Blut ist dicker als Wasser' oder andere Theorien,
darin mag ich freier sein, was Verantwortlichkeit mir und
anderen gegenüber mit sich zieht. Freiheit -
auch als Belastung empfinden,
wählen zu können, zu müssen.

In diesem Bewusstsein leben zu dürfen.

Der Mythos Gehen,
wird es eng um mich,
Bindungen kappen und
Neues beginnen?

- entspricht nicht mehr, passt nicht mehr; wie ein
Kleidungsstück aus dem man herausgewachsen ist,
zu eng, zwickt und zwackt an Ecken und Enden.

Vielleicht Erkenntnis, dass sich
Leben irgendwann doch wiederholt?

Unendlichkeit der Möglichkeiten
scheint langsam doch Illusion.

16.03.
14:10

*Das freut mich, dass Sie neulich mal nicht geträumt haben
oder zumindest nichts Belastendes.
Ja, ich würde sagen zum Glück wachsen wir immer mal
wieder aus unseren Kleidern raus - oder aus unserem
Kokon ...*

ganz im Sinne einer Metamorphose

fühlend

18.03.
06:55

Bitte entschuldigen Sie die kurzfristige Absage.

18.03.
09.35

Es entstanden Bronzefiguren,
eine Metamorphose auch
da Sie wissen wie es bestellt ist
mit Wiederholungen, finde ich Ihre
Umschreibung Kokon
treffender, schöner ... zumal
aus einem Kokon Schmetterlinge
ans Licht drängen,
die inspirieren in
Vielfalt, Anmut und Schönheit;

sicher, der Unterschied:
Metamorphose und Kokon
ist minim, doch
hänge ich
an der Illusion der
Unendlichkeit von Möglichkeiten.

31.03.
10:55

Hoffentlich habe ich Sie
nicht vor den Kopf geschlagen?

- etwas, das mich schon
länger umtreibt:
mich selbst schlecht aushalten?
woher speist sich diese
innere Unruhe? und
wieso gelingt es nicht mit anderen
keine Langeweile zu empfinden? -
fanden neuen Impuls: Menschen mit
hochentwickelter Wiederstandsfähigkeit
suchen unbewusst ähnlich
Süchtigen komplizierte Situationen? -
so drückte es der Professor aus.

Also doch ein Paradoxon?
Mögliche Erklärung, obwohl ich
Gelassenheit wie Schlichtheit ersehne,
der Versuchung erliege, mich in
Kompliziertes zu verfangen,
was Sie mehrfach angemerkt haben;

warum mich ein bestimmter
Menschenschlag aufregt
ist klarer geworden.
Eindimensionale Menschen, die sich hinter überhöhtem
Ideal und unerreichbarer Erwartungen an andere
verstecken, es immer wieder schaffen, alles um sich drehen
zu lassen, nicht bereit sind selbst Konsequenzen für ihr
Handeln zu übernehmen und mit einer unglaublichen
Arroganz ihr Umfeld

manipulieren, fürchterlich!
Vorallem fürchterlich langweilig!
Langweilig, verdammt noch mal langweilig!
... trotzdem bindet es,
worüber ich mich noch mehr aufrege,
meine eigene Blödheit,
fühle, dass es mir NICHT gut bekommt,
mich derart einbinden zu lassen.

Wunder Punkt
nicht aushalten können ...
kein Mittel zu finden,
dem zu begegnen ohne mich
auf Minimum zu reduzieren.
Dies mich selber Kleinmachen,
bei solchen Menschen,
macht mich rasend.
Mich empfinde ich dabei
als unterbelichtet
bis zum geht nicht mehr,
dass ich kotzen könnte.
Gleichzeitig das Gefühl,
Welt besteht nur aus Solchen,
Spiessrutenlauf, der sich auftut;

wobei ich
nicht merke, ob ich
mich mit Aufregen
müde machen will,
damit ausweiche?
auch so eine hohle Nuss?!
ist Menschheit hohlnussig?
kann gar nicht anders,
als um sich selbst zu drehen?
steckt dahinter Sinn?

wäre das so, mache ich
es anders?
profane Lebenskrise?
einfach Langeweile?

wieder Gedankenkarussell?

ausziehen
Fürchten lernen
der Sinn?
Leben?
Lernen?

mir wird schwindelig,
nicht das Einzige, das
durch den Kopf schiesst

Kopfschussgedanken
wird mir übel,
aussteigen
an dieser Stelle
diesem Moment
den Tag widmen?

08.04.
11:15

Stunden nun
versuche ich
in den Tag zu gelangen
verstehe nicht, was los ist
nicht erinnernd, wann mich
ein Traum so aufgewühlt
hat erstarren lassen, dass
selbst im Wachzustand kein
drumherum zu
finden gelingt ...

letzte Woche eine Wohltat,
Gespräche, die Tage
nicht aufwühlend, zulassend.

Augenblickhafte Begegnungen des Einstigen
trugen Erleichterung mit sich,
Hochgefühl gleich innerem Luftsprung,
Erstauntes zurückliessen,
erholsamer Schlaf,
Gelassenheit;

um so mehr reisst das Traumgeschehen
der Nacht aus sanfter Bahn.

- eine Leiche wäre vielleicht noch
in Ordnung gewesen, aber das?!

Zu Beginn in einem kleinen Holzhaus in engem Flur, packte
ich kleine unkenntliche Sachen in eine Tasche, aus dem
hinteren Raum drang sanft eine leise Stimme, eine Melodie
summend, in ruhiger Gelassenheit hörte ich vor halboffener

Glastür Geräusche, schaute auf, wurde kurz ein Gesicht
gewahr, welches mich hämisch angrinste, im Halbdunkel
verschwand ohne sich Mühe zu machen, leise zu sein.
Im schreckhaften Erstarren schaute ich dieser
gespensterähnlichen Gestalt mit grausigem Erzittern nach,
bis eine warmweiche Hand sich mir auf den Rücken legte,
eine leise Stimme beinah zärtlich hauchte:
lass uns gehen ...
augenblicklich war es hell,
bis wir aus der Tür traten in zwielichtigen Wald, der
schnurrte, zischte, unwirkliches hatte; gingen mit viel
Bedacht einen kaum erkennbaren Weg durch das
Unterholz,
wieder blitzte dieses Gesicht vor mir auf, verdunkelte meine
Gemüt, liess mich anhalten, unsicher werden ...
mehrfach wenn dies geschah, wurde ich beruhigt von
kleinem Kerzenschein, einem warmen Lächeln, dass heraus
wie gleichzeitig in mich drang, als Flamme formierend sich
in der Morgendämmerung verflüchtigte.
Wir kamen an einen sich stetig verbreiternden Pfad, einen
Fuhrweg, die durch die Räder verhärtete Erde ähnelte Stein;
die sich so durch die Landschaft ziehenden nebeneinander
herlaufenden Spuren beschrieben eine weitläufige Kurve
um den Wald, den wir verlassen hatten.
Auf dem Scheitelpunkt der Kurve angelangt, hielten wir
inne, sahen zu dem Waldstück am Horizont, welches von
einem grüngrasigen Teppich, der sich in die Kurve
schmiegte, zurückgedrängt wurde, es schien, als würde das
Gras über den Wald hinweg wachsen wollen.
Berührend Friedvolles in mir; die mich begleitende Hand,
kaum spürbar den Rücken
entlang, geduldig meine
Faust lösend öffnete,
Finger tastend leicht,
versucht, zu meinen,

sie spräche zu mir,
im in die Weite schauen,
tat sich in der Ferne der
Wald auf, erschien
schwarz verzerrt zu einer
gewalttätigen Fratze,
tobend im Feixtanz,
der Derwisch,
wuchs sich zu einer
behaarten Gestalt aus,
mit riesigen Hörnern,
glühend roten Augen,
der Unterleib
tierischer Art;
es schrie, wütete,
in aberwitziger Geste riss es die Grasnarbe als Decke von
der Landschaft, offenbarte den Anblick von im Erdreich
versunkenen Leichen, deren Anzahl ich nicht zu erfassen
vermochte,
sie waren bis auf die Knochen entstellt,
rohes Fleisch, welches trotz Erdreich und
Wurzeln zu bluten schien,
Körperteile, ineinander verwoben,
nicht auszumachen, welcher Körper
wo anfing, wo aufhörte;
tasmanischer Teufel wuchs
entblösste in Zeitlupe ausgeführt
mehr Leichen im
Erdreich, die Kurve entlang
bevor grausig zerfleischte Nacktheit
an meinen Füssen angekommen war,
schob die Hand
stets hielt sie mich
den Weg entlang
so sehr ich mich mühte den

Blick von der Leichenmasse
abzuwenden
der Erscheinung zu
Blick in das Gesicht erhaschen
warmherziges Lächeln
erkennen wollen
wer mich führte
gelang nicht ...

wie wir den Weg fortsetzten?
kann ich mich nicht erinnern,
nur an gewaltsames Lachen
wie im Wahn;

eine lichthelle Halle
kühlender Luftzug wanderte
durch ein Kirchenschiff
Leichen auf sandsteinigem Boden
die Stimme sprach tiefwärmend: schau
- mehr nicht und Leichen
starr reglos wie ich selbst,
lächelten von innen
zwinkerten aufmunternd ...

versuchte mich abzuwenden
aus Erstarrung zu lösen
doch greifender bannte mich
der Anblick der Leichen

wachte ich auf?

glaubte diesen schwarzbefellten
Teufel unter meinem Bett
grinsend mit Leichen
wie mit Puppen spielend,

zu keiner Bewegung fähig
lag ich stumm auf dem Rücken,
versuchte Raum zu erkennen,
gefühlte Ewigkeit bevor
der Arm unter der Decke hervorstreckte
Licht anzuknipsen,
Gewitter drang durch
das offene Fenster,
es war halb drei,
als ich endlich aufstehen konnte,
der Weg auf den Balkon,
Weg nach Canossa;
ob sich Heinrich auch so gefühlt hat?
so fieberwahnig?
keine Angst vor Blitz und Donner, doch
das innere und äussere Zittern,
hin zum Schmerz geweiteter Augen,
panisches Horchen in den Himmel,
wie einem Bogen gleich
gespannte Rückenstarre?

Ist das Angst gewesen?
vergessen wie sich das anfühlt,

geht das?
so fremd, so unfassbar?

weit und eng zugleich?

Kann man vergessen?
Angst zu fühlen?
vergessen?
ist das möglich?

Beine und Füsse schmerzen,
jeder Muskel, jede Sehne ist spürbar,
als wäre ich die ganze Nacht
getrieben, gehetzt, geflüchtet ...

was passiert da?
mit mir?
in mir?

08.04.
20:00

(...) Ihre Zeilen und Ihre Offenheit.

fühlend

Nachwort

Dies nicht verkneifen:

Baron von Münchhausen,
Cyrano de Bergerac,
Till Eulenspiegel,
Don Quichotte,
Kaspar Hauser,
Lord Greystoke,
erfundene andersartige Wesen -

würde man sie nicht
in Frage stellen,
sich ihnen mehr zuwenden,
zuhören,
würde das reichen? Um

es friedvoller
zu gehen
zu lassen?

fühlend

susanne C. schnippering

geb. 1971
Hannover/Deutschland
Künstlerin und Ungereimtheit

arbeitet in Anlehnung an Zitate,
Sprichwörter, Kinderreimen,
Liedstrophen, Prosa wie Gedichten,
Musik und Film

www.susanneschnippering.de
www.minimü-art.ch

fühlend

Lied - und Text - Gut

---

[1] Homepage Deutscher Wetterdienst

[2] Froh zu sein bedarf es wenig (August Mühling)

[3] Wenn ick mal tot bin (Friedrich Hollaender)

[4] Wikipedia - Die freie Enzyklopädie

[5] Taubenvergiften (Georg Kreisler)

[6] For now I am winter (Olafur Arnalds)

[7] Schiess mit mir (Georg Kreisler)

[8] Is that all there is (Jerry Leiber, Mike Stoller)

[9] Chasing Cars (Gary Lightbody) aus: Snow Patrol - Eyes Open

[10] Die grosse Freiheit (Werner Eisbrenner) aus: Grosse Freiheit Nr. 7

[11] I am what I am (Jerry Hermann) aus: Ein Käfig voller Narren

[12] Ach lege Deine Wange (Kurt Tucholsky)

fühlend
